JN239341

その日、少女は　少年は Ⅰ

帆草《ほぐさ》とうか　詩・絵

JUNIOR POEM SERIES

銀の鈴社

もくじ

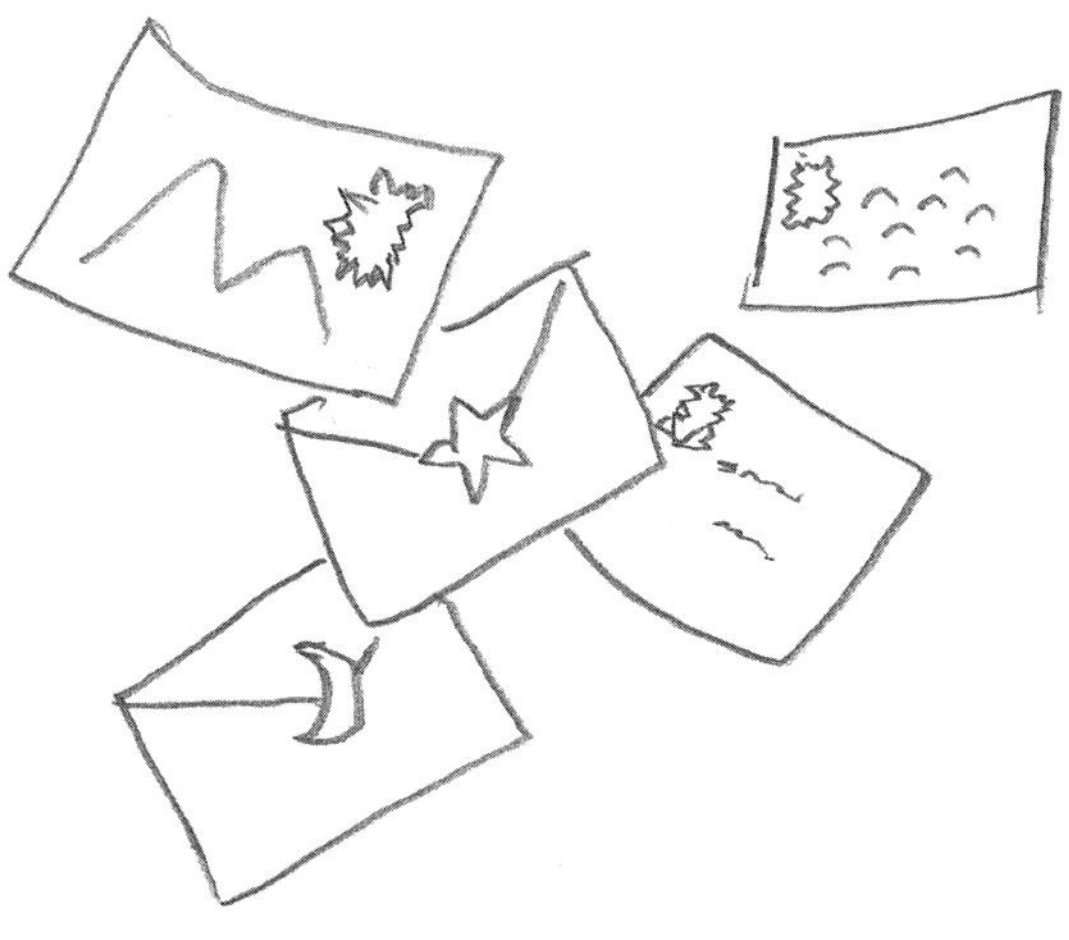

プロローグ

ある二人の少年の書簡《しょかん》

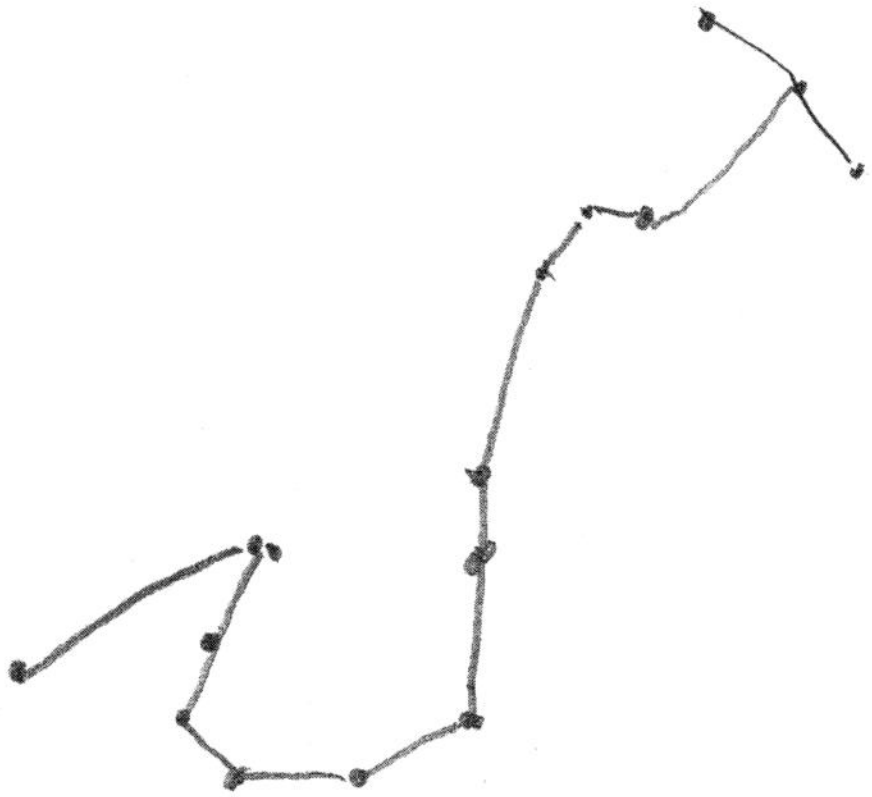

その日、少女は　少年は

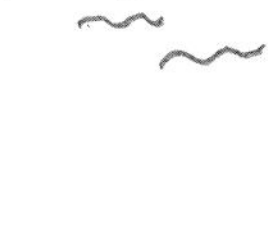

エピローグ

プロローグ
ある二人の少年の書簡《しょかん》

~ラビローニからサリドーニへ
サリドーニからラビローニへ~

サリドーニへ・1

サリドーニ、サリドーニ、金星が出ているよ
今日の宿の窓《まど》からは
金星がとてもよく見える

黒く沈《しず》む山の稜線《りょうせん》その
そうだな、小指ひとふしぶん
ぼくの小指ひとふしぶん上に光ってる

ほかにはなにもないんだよ金星のほかに！
街路灯も、家も、消防署《しょうぼうしょ》も

人も、犬も、カーブを曲がってくる車も
じゃまするものはなにもないんだ

ぼくはここから
たっぷりの金星をながめることができる
くすんだ緑色の壁紙《かべがみ》
硬《かた》い鉄パイプのベッド　古ぼけた丸いテーブル
そして小さな　赤いストーブ！
ああ！　ぼくがどれだけこの部屋に満足しているか、君にはわかるだろう？

ぼくは赤いストーブに

冷えた足と手をかざし
隣《となり》に泊《と》まっている老人がくれたチョコレート二かけ
（それは銀紙にもつつまれず、彼《かれ》のポケットから出てきた）
を

金星をながめながら　口にいれた

赤いストーブの放つ赤い火と
金星のあかり
それだけが
今日の、このよのあかり

from ラビローニ

ラビローニへ・1

ラビローニ
君からもらった絵はがきは
すべて特別な引き出しにしまってある
ぼくの出した手紙の　何百分の一だけど
そうしてぼくはぼくのポストあけるたび
ざあーって流れ落ちる『宛《あて》・先・不・明』の砂《すな》
蹴散《けち》らすのこらえて　すくいあげなきゃなんない

ラビローニ
君からもらった絵はがきの消印は
どれももう　はるか前

そうして投函《とうかん》場所は
かすれて読みとることができない

ぼくは　君からもらった絵はがきの
うんと高い　あるいはなだらかな山々
広い　あるいは小さな海
ここにはない色の街角
それらをときどき
陽《ひ》の光に透《す》かしてみる
そうすればぼくもそこに
一緒《いっしょ》にいられるような気がして

ねえラビローニ
今日の雲は　小さなヨットみたいだよ
もしかしたら君は　こんなヨットに乗って

シチリアの見える海や　カリブ海
あるいはインド洋、コーラル海、南極の海、
そんなところを　わたっているのかもしれないね

ねえラビローニ
ここは秋だけど
君のいるところも秋？
それとも
春の息吹《いぶ》きのなか？

君は今
何処《どこ》にいる

from サリドーニ

ラビローニへ・2

地球儀《ちきゅうぎ》をくるくる回して
ぴたっとひとさし指で　とめたところ
そこに君がいる
と
ぼくは思うことにした

それから
書物をひらいて
ひとさし指の指す国や　土地のことを
ありったけ調べる

どんな川が流れているのか
どんな花がひらくのか
石畳《いしだたみ》か赤土か　どんな星々が見えるのか

そうして君が
そこで　はつらつとかっぽしているところを想像《そうぞう》する

つかれきって　バーに入って
一杯《いっぱい》の琥珀色《こはくいろ》のサイダーを所望《しょもう》しているところを想像する

この遊びは　楽しいよ
この遊びは　さびしいよ

from サリドーニ

ラビローニへ・3

ねえラビローニ
今日ぼくは　白い月をみたよ
半月よりも
少しまあるくなった

白い月をみつけると
ぼくは贈《おく》り物《もの》をもらった気分になるんだ

ラビローニ

今の君なら　なにがほしい？
山の頂《いただき》で弾《ひ》く　小さなアコーディオン？
それとも
海の上で奏《かな》でる　銀の横笛？

ねえラビローニ
そこからは山々をぬう
地平線をまたぐようなさそり座《ざ》は見える？

ぼくは今
それをはっきりと見ている
君とならんで
それをくっきりと眼《め》にしたときとおなじに

いや
今　君のいるところからは
さそり座《ざ》は
海を大きくまたいでいるのだろうか

ラビローニ
君は今
どこを歩いている

from サリドーニ

ラビローニとの想《おも》い出《で》・1

——月明かりのした、塀《へい》の上を歩きながら

（ぼく）

赤いタイツはいた　女の子
紫《むらさき》のタイツはいた　女の子
青いタイツはいた　女の子
緑のタイツはいた　女の子

黄色いタイツはいた　女の子
全部かけ算したら　なんになる？

（君）

決まってるさ！
夜をまたぐ
虹《にじ》だろう？

ラビローニとの想《おも》い出《で》・2

（ぼく）　このまま　夜が終わらなかったら　どうする？
（君）　星を数えて暮《く》らすさ！
（ぼく）　星のない夜だったら？
（君）　おつきさまを見て暮らすよ
おつきさまが　あんまり光ってると
星は見えないものだからね
（ぼく）　じゃあ　おつきさまもない夜だったら？
（君）　鰐《わに》を一匹《ぴき》　手に入れる

鰐《わに》は　忠実《ちゅうじつ》な執事《しつじ》だからね
どんなに深い夜でも
あたたかいパンケーキを焼いて運んできてくれる

（ぼく）じゃあ　鰐も手に入らなかったら？

（君）それは　決まってるだろう？
君と一緒《いっしょ》に
旅に出るんだ
漆黒《しっこく》の闇《やみ》に
長靴《ながぐつ》はいて

（ぼく）ほんとに　一緒に？

（君）ほんとに　一緒に！

ラビローニへ・4

土をこねてこねて焼いて
教会のような塔《とう》を　ぼくは造《つく》った

最上階には
十字架《じゅうじか》と同じ形の窓《まど》があって
十字架と同じ形の光が
塔のなかへ　長くさしこむ

一階の扉《とびら》は
いつでも開いているようにした

そうだ
いつだって
だれだって　そこに入れる！

ラビローニ
ぼくは君が
いつかこの塔《とう》に立《た》ち寄《よ》ってくれるところを想像《そうぞう》する
ザックを肩《かた》にかついで
大きな足取りで

その時は
その時がきたら
ぼくも一緒《いっしょ》に
この塔に入ってもいい？

ふたりで十字架《じゅうじか》の形した　光をあびよう
ぼくたち二人とも
カトリックでも　プロテスタントでもないけれど
あの　十字架の形は
無限《むげん》に美しいと　思わないか
輝《かがや》く星の形に
そっくりだと
思わないか

from サリドーニ

ラビローニへ・5

タクラマカン砂漠《さばく》に
海はあるか?

と
夕陽《ゆうひ》が落ちた海を見ながら
ぼくはふいに思った

まるで錆《さ》びた鉄色した
水平線の上の　帯のような空
これは砂漠の夕暮《ゆうぐ》れと同じにまちがいない

そして

だれよりも早く
きらきら　きらきらとまたたいている
宵《よい》の明星《みょうじょう》ひとつ

タクラマカン砂漠に
海はあるか？

ラビローニ
君なら知っている？

ラビローニ

君は
タクラマカン砂漠を
渡《わた》ったか？

from サリドーニ

その日、少女は　少年は

少女と少年

少女は少年というものを知らない
少年は少女というものを知らない

だがときおり
たがいをよく知っていると
ずいぶん似通《にかよ》っていると思うことがある

たがいの描《か》いた　クレヨンの絵を見たとき

たがいの飛ばした　紙ヒコーキを見つけたとき
海へ行って
ああ、あの子もここへきたんだと
思うとき

朝

ああ　白い息の朝だ
カーテンをまぶしく開け
ストーブに火を入れて　お湯をぽこぽこ沸《わ》かし
おいしいコーヒーをいれよう
コスタリカ産の　上質《じょうしつ》な豆がある

ぼくのは　イタリアンエスプレッソ
きみにはアメリカン
ぼくの犬二匹《ひき》には
アルミの器《うつわ》かちゃかちゃ鳴る
あまーい　あまーい　ベトナムコーヒー

こうしてぼくらは
朝から世界を熱く旅する！

汽笛

汽笛が鳴って
ぼくらは出発した

汽笛はあっちのほう
えんとつからけむりはいてる
大きくてかっこいい船

あたしたちのは
砂浜《すなはま》に打《う》ち捨《す》てられてた　小さな舟《ふね》
往《ゆ》き先なんてわからない

ただ
この　古い一艘《そう》の小舟《こぶね》を見つけたとたん
「ぼくも」「あたしも」「小犬も」「小犬も」
海のその奥《おく》へとくり出すことを決意したのだ

舳先《へさき》には
小舟の底にあった　細い釣《つ》り竿《ざお》
あたしの髪《かみ》のリボン結んで
旗にして立てた

風が吹《ふ》く
雨が降《ふ》りそそぐ
星々がこぼれる
月明かりが彼《かれ》らをてらす

大きな太陽が　彼らをひかりはなつ
雷《かみなり》が　耳をつんざいてとどろく
大波が　彼らの足もとをすくう
さざ波が　彼らをここちよくゆらす

小舟に立って
少女と少年　小犬と小犬が
海を進む
つねに前を向いて
前を向いて

風をうけて

ひとり

ぼくがいるじゃないか
わすれちまったのかい？
ぼくがいるじゃないか

ぼくがいつも後方から
星屑《ほしくず》まいて　君を照らしてるの
気がつかない？

ぼくがいつも
風になって君の指にふれてるの
気がつかない？

それともぼくの星屑は少なすぎて
君に光らないのか？
ぼくの風は小さすぎて
君にとどかないのか？

でも
だけど

ぼくがいるじゃないか
ぼくがいるじゃないか

ぼくは決して君を　ひとりにはしないのに

影《かげ》ぼうし

少女は　月の光にのびた　自分の影ぼうしを見て思いました
（この子　どこまでついてくるのかしら？）
そこで
大きな木にのびた　黒い影のなかに入ってみました
（あら、あたしの影ぼうし、消えちゃったわ！）
こんどは

今朝咲《さ》いた　ラッパ水仙《すいせん》の影に入ってみました
（あ、ラッパ水仙の影、消えちゃった！）
少女はおもしろくなって
いろんな影のなかに入ってみました
（あたしの影ぼうし、消えたり　出たり
いろんな影ぼうし、消えたり　出たり）
ところが
どうしても　出たり入ったりできないものがありました
それは

海です
海には　影《かげ》がありませんでした
広い広い　紺色《こんいろ》の海には
おつきさまのひかりが
ゆらゆら　ながく揺《ゆ》れていました
（おつきさまの影は　おつきさまなのね）
少女はそう思うと
急いでサンダルを脱《ぬ》ぎ捨《す》て
ゆらゆらした　紺色の海に　裸足《はだし》の足でふみだしました

影のない海に入ったら
自分の影ぼうしがどうなるのか
見てみたかったのです

春先の夜の海は
裸足の足に
桃色《ももいろ》の額《ひたい》に　冷たかった

あとには青くてらされた
ほんとは赤いサンダルが
小さな影を砂《すな》に落として
ころんとふたつ
ころがっていたらしい

まだ未明

おしろいばなは
濃《こ》いピンクの
いい匂《にお》いのするおほしさまです

それが今朝は
小さな蒼《あお》いほのおとなって
のぼってくるおひさまとの
短いひきつぎをしている

ああ　このおほしさまには
ひそひそした　黒い種さへある

贈《おく》り物《もの》

おつきさまの光が
みるまに明るくなってゆく
秋の夕暮《ゆうぐ》れ

蒼《あお》く深く　澄《す》んだ空に
あかるく　力強く
おつきさまは　浮《う》かんでいる

「それはおつきさまの光じゃない。
太陽光を反射《はんしゃ》しているんだよ」
と
友達はいうけれど
おつきさまがなかったら
反射してひかる星もない

ああ　神さまは
どうしてこんな　美しいいろと変化するかたちを
どうしてこんな　ぴったりな大きさを
どうしてこんな　はっとする贈り物を
地球にさずけて　くれたんだろう

はないちもんめ

砂丘《さきゅう》は主に
海の手前に生息しますから
見方によっては
海と砂漠《さばく》が
向き合っているようにも見えるのです

あーこがれほしいな　はーないちもんめ
きーらきらほしいな　はーないちもんめ

さーばくがほしい（と　うーみが叫《さけ》ぶ）
うーみがほしい（と　さーばくが叫ぶ）

よーってたかって　はーないちもんめ

でも　諸君《しょくん》。

御二方《おふたかた》とも、「波」は持っているんだよ。

海の波は　ちきゅうの　なみ

砂漠の波は　かぜの　なみ。

よーってたかって　はーないちもんめ

泳ぐ

少女の浴室はガラス張《ば》りなので
（おまけに高台に突き出《で》た三階の角だ）
少女はおひさまの出ている空を飛びたいとき
ちゃぷちゃぷお風呂《ふろ》に水を張り
浴槽《よくそう》でできた一人乗り飛行機に乗る

浴槽一人乗り飛行機は
真っ青な高い空のなかを
ゆったり　あるいはスピードをあげて泳ぐ
少女は裸《はだか》で空を往《ゆ》くのである

少女の浴室はガラス張りなので
少女は夜空を飛びたいとき
浴槽でできた白くつやつやした小舟《こぶね》に乗る

小舟は星座《せいざ》のなかを抜い
あるいは　ひとつのみずいろにひかる星をめざして
漆黒《しっこく》の夜のなかを泳ぐ

そうしてときおり少女の小舟は
ひとつの流れ星となって
夜のなかから夜のなかへ
音のない
速力のある旅に出る

小舟《こぶね》とロバと

探知機《たんちき》も羅針盤《らしんばん》もついていない小さな舟《ふね》に乗って
海の何処《どこ》かを　進んでいる少年がいました

一頭の小さなロバに乗って
手ぶらで砂漠《さばく》の何処かを歩いている少女がいました

少年は
漂《ただよ》っている、ではなく、進んでいて、
少女は
立ち止まっている、ではなく、歩いているのです

ああ、この、まぶしいふたりは
往《ゆ》き違《ちが》うことなく
出会うことがあるでしょうか

星こぼれるこぼれる漆黒《しっこく》の夜か
ぴかぴかひかる　まっぴるまに

いや　それは
まだ太陽がまるいかおは出しておらず
その衣《ころも》だけを　ほんのわずか世界にのばしはじめた未明かもしれない

太陽がまるいかおはもうしまって
その残《のこ》り香《が》だけを　うっすら空に匂《にお》わせている夕刻《ゆうこく》かもしれない

いつか　何処か

水平線と地平線が
重なるところで

つき

だんだん日が暮《く》れてきた十一月
ふと書物から目をあげると
東の山と山とのあいだから
ぽっかり　丸くなりかけた白い月が浮《う》かんでいる

わあっと見《み》とれていると
だんだんおつきさまは
うすーい紅色《べにいろ》と

うすーいひかりに染《そ》まってゆく

このおつきさまは
ぽっ　と浮かんでいるけれど
うすーい青の　夕方の空のなか
だんだんずっしり力強い

さらにさらに見とれていると
だんだんずっしり力強かったおつきさまが
だんだんだんだんひかりを増《ま》して
くっきり　かるく
なってゆく

あのとき

あのとき我《われ》は　じゅうぶんに大人なれど
父母の手借りずに　病院にも往《ゆ》けず

その病院の
遠きことはるか汽車に揺《ゆ》られて三時間
山あいの　小さき診療所《しんりょうじょ》よ

痩《や》せ細《ほそ》りたる我に医者は
「重りを入れてないか?」と

我《わ》がポケットを順繰《じゅんぐ》りにたたき　古き秤《はかり》の上で

その帰り
ようよう小さき古き駅にたどり着き
一時間のベンチに横たわる
そうせねば
次の汽車には乗れなかった

そして今
我の病状《びょうじょう》　良くならず
会いたき人にも
会えぬ身よ

星をしまう

星を見るのが　あんまりつらい日は
振《ふ》っていた手をおろし
部屋にもどって
星をしまう
そっと

窓《まど》を閉《し》めて　カーテンをひき
はじまったばかりの
夜をしまう

ああ　それでもぼくは
寝《ね》る前　もいちど星を見に
ベランダに出てしまうのだ

そうして見つけたひとつの小さな星に手を振って
思いがけず笑顔がこぼれるのだ

そうしてまた
急いで星をしまう

笑《え》みが涙《なみだ》に
変わるまえに

指令

あたしの　この心と身体《からだ》の疲弊《ひへい》はどこからくるもの？

あたしのよわっちい身体から
あたしのよわっちい心から
あたしのよわっちいすべてから

あたしのよわっちいすべて

どこかへ行っておしまい！

そうして海か川かでじゃぶじゃぶ洗《あら》われ
すっかり晴れた　陽《ひ》の光のもと
のびた枝先《えださき》でカラカラに乾《かわ》かされ

一輪のたんぽぽに
一輪のれんげの花に
変化《へんげ》しておしまい！

蒼《あお》

5時のチャイムが後ろのほうで流れ
少しして本を読み終わったので顔をあげると
小さな窓《まど》でしかくく切りとられたどの青でもない
すみわたった
すいこまれるような蒼い空があった

あ、あ、

ああ
こう書いている間にも
蒼は黒く沈《しず》んでゆく
ひとつのしかくく切りとられた空の蒼を描《えが》こうとして
あたしはこうして　蒼をすべりおとしてゆく

ああ
あの蒼

あの深くけさやかな蒼を
えがきたかったのに

ぽしゃぽしゃ

雨のぽしゃぽしゃ　ふっている
風のほとほと　鳴っている

そんな夜から空見れば
おや
星のおおぜいひかってる

ぼくのとこだけ雨ふって
ぼくのとこだけ風鳴ったかな

いえいえ違《ちが》います
違いますよ

星がぽしゃぽしゃふってたのよ
風もほとほと鳴ってたのよ

君にね今日の夜
見てほしかったから
今日の夜　一緒《いっしょ》にわたたって
ほしかったから

星のぽしゃぽしゃ　ふっている
風のほとほと　鳴っている
そんな夜から空見れば
おお
みんなおおぜいひかってる

晴れているのに雪のような夜

おつきさまを見てもさびしい日は
甘《あま》いお菓子《かし》を食べてみよう
それでもさびしかったら
甘くあたたかいミルクを飲んでみよう
それでもさびしかったら
小犬をぎゅうっと
抱《だ》きしめてみよう

小犬がかたわらで眠《ねむ》っていたなら
そうっと　なでて
冷たい鼻に
キスしてみよう

小犬がそうして眼《め》をあけたなら
もいちど一緒《いっしょ》に
おやつ　食べよう

さびしい日は
なにをしてもさびしいが
小犬と食べるお菓子は
さっきより
ずうっと　あまい

なりたい

あたしは
この流れるくろい小川になりたい
さんぽみちに実っていた
レモンの一個《こ》になりたい
だれにも知られずひっそりひらく
一輪のれんげの花になりたい

薔薇《ばら》

摘《つ》んだ白い薔薇は
不思議にずっと
枯《か》れることも　しおれることもないのに

どうしてあたしはうつむくだろう
どうしてあたしは泣きたいだろう
どうしてあたしは　つっぷすだろう

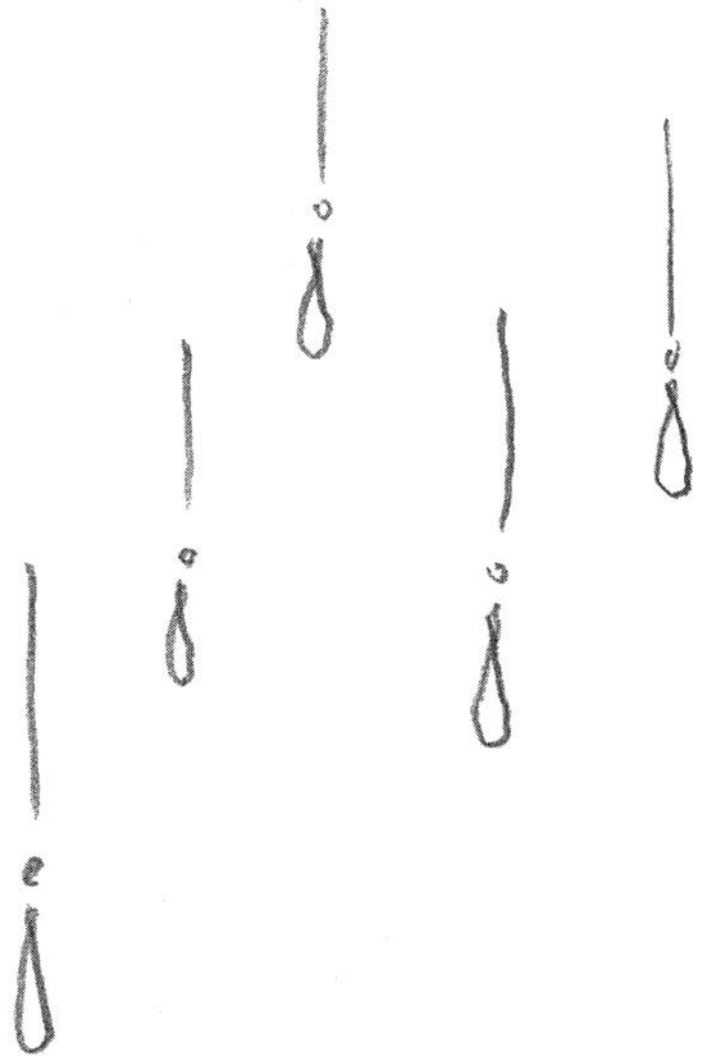

桃《もも》

桃の実の　紅《あか》い実の
はるかなる果《か》　ほおばれば
みずみずしく汁《しる》したたりて
少女桃色にかがやけり

天青石《てんせいせき》

天青石は
ももいろに染《そ》まることを終えたばかりの
空のかけらです

まだ蒼《あお》くは染まっておらず
ほんのりうすく
みずいろとグレーにひかっていて
そこには雲も　浮《う》かんでおり……

たびたび　しばしば
いちばん星　にばん星　さんばん星……が

きらきら　きらきら　輝《かがや》きます

極上《ごくじょう》の天青石には
通りすがりに
「やさしい雨上がりの隙間《すきま》」を唄《うた》ってあげながら
西から東から　そっとのぞいていますと

きらりっ
と虹《にじ》もかかります
あたし
そんな石持ってる

時空

はさむ栞《しおり》なくて
まるでぽかんとした
ここは何処《どこ》だ

夕暮《ゆうぐ》れか
夜のはじまりか
窓《まど》のむこうはもうくろい

ああ
無き時空に

とうとうはさまれてしまった
あんなに熱望しても
一歩も踏《ふ》み込《こ》めなかったものを

ここは何処だ
部屋か
世界か
かしいだ空か

だらんと文庫本たらしながら
まるでぽかんとした無き此処《ここ》にどうすればいい
我《われ》ひとり

ふるさとにて

ふるさとは
やさしいものにて
哀《かな》しけり
風も木《こ》の葉《は》も海鳴りも
皆《みな》の声も笑顔《えがお》も足音も
るいるいるいと
泣けてくる

それでもふるさとの空みあげれば
月夜の青いひかりは
せつなさをなぐさめてくれる青い涙《なみだ》
夜空にひかるいくつもの星は
さみしさをかきけしてくれる
深いかがやき

ことば　1

ことばとは
ことりと　葉っぱが
くっついたものです

飛んだり　唄《うた》ったり
ひろがったり　きゅっとちぢこまったり
ひかったりする

ことば　2

少女は
ことばであやとりしたり
なわとびしたり
ピアノのキーを叩《たた》くのがすきなのに
ただ　一通の手紙を書くのには
これじゃだめ、これじゃだめだわ！
と、どうにも苦労し

書き損《そん》じた便箋《びんせん》は
生徒全員が飛ばした紙ヒコーキみたいにとっちらかって
三日《みっか》三晩《みばん》かかって　ようやっと書き上げましたが
すっかり疲弊《ひへい》してしまいました

ことばは少女にとって
遊ぶものであることがいちばんおもしろい
それは
ひとり遊びでいいから

でも……
ふたりで遊べたら
もっと楽しいのかな……？

自由研究　1

少年は自由研究で
空について研究する

はるの空は　ほうっとやわらかい
ひかりはこんなに
しらしらまぶしいのに

なつの空は　捕《つか》まえるのに難《むずか》しい
どんなに虫取り網《あみ》をのばしても
眼《め》に汗《あせ》がにじむからである

あきの空は　金木犀《きんもくせい》の香《かお》りと
まだ開ききらぬ　銀色のススキの穂《ほ》で構成《こうせい》されている
高く　高く　ぴんと張《は》りながら
チューバの音のような
実りのふくよかささえ　抱《だ》きしめている

ふゆの空は
どんなに目頭《めがしら》をぬぐっても
夜空しか見えない
ぼくの小さないぬが
小さな星になった
ふゆだから

自由研究　2

「おしろいばなは　どうして夜行性《やこうせい》なのか？」

というのが、
この夏の少年の
自由研究の課題であった

（仮説《かせつ》）
　1、太陽ではなく、月明かりで光合成しているから
　2、最も似合《にあ》いそうな妖艶《ようえん》な黒アゲハではなく、

グロテスクな蛾《が》を愛していたから
3、朝顔に対抗《たいこう》して
4、星になりたかったから

さあ　みなさんも
少年と一緒《いっしょ》に考えてみてください

おしろいばなを知らないという人は
すぐさま夏の暮《く》れ方《かた》の道を往《ゆ》き
妖《あや》しく香《かお》る
濃《こ》いピンクの花びらを見つけること！

暮《く》れてゆく

道の真ん中で　すこし口をあけ
空を見あげている少女がいる
と気づいたら
あたしだと思ってください

屋根の地平線の上は
みかん水《すい》こぼしたみたいに橙色《だいだいいろ》で
そのうえは
まだ涼《すず》しいみずいろで
グレーの　ひつじみたいな雲が

橙色の縁《ふち》どりを
だんだんだんだん
おおきく　ひらっとひからせながら
ゆんわり　しずかにうかんでいる

ずうっと見あげていると
すぐ脇《わき》の草むらが
急に
もわっと草いきれをはなってくる

あたしとおんなしで
今まで息するのも忘《わす》れて
この　暮れてゆく空の一秒一秒に
うっとりみとれていたように

お菓子《かし》のおうち

おうちのかたちした
クッキー食べた

赤い屋根に
茶色い煙突《えんとつ》
みずいろの壁《かべ》に
黄色い窓《まど》

煙突食べたら　煙《けむり》の匂《にお》いがして
屋根を食べたら　ことりの匂いがした

黄色い窓は　残しておいた
いつでもお菓子のおうちに
入れるように

一本道

一本道が　ありました
一本道の　両側は
さわさわ高く　緑の葉がつらなって
まるで空の下のトンネルです

一本道の果ては　なんでしょう?

輝《かがや》く海でしょうか
虹《にじ》のあしもとでしょうか
それとも

あなたのうまれたところでしょうか

一本道が　ありました
一本道の果ては　なんでしょう?

勇気あるものならば
そこへ向かって旗を振《ふ》り
どんどこ旅に　出てみなさい

あなただけの　一本道の果てが
きっと大きく
ひろがっている

この一瞬《いっしゅん》

空が
ピンク色に染《そ》まって
山の木々が
ピンク色に染まって
家々の壁《かべ》が
ピンク色に染まって
道ゆく人々の背中《せなか》も

ピンク色に染まって
白く浮《う》かんでいた　おつきさまも
ほんの少し
ピンク色に染まって

ああ
かみさまは
この日
この一瞬
世界を
やわらかく　ひきとめたかったのだな

エピローグ

ある二人の少年の書簡《しょかん》

サリドーニへ・2（切手が貼《は》られていない）

タクラマカン砂漠《さばく》に
海はあるか？
と
ぼくはふいに　思った
それで　ぼくは今
砂漠を歩いている
水と干《ほ》し芋《いも》
干した肉だけは

充分《じゅうぶん》とはいわないまでも
ぼくの絵とひきかえに得た　ザック4つ分
らくだの背《せ》に積んである
このらくだは
たづなをひかなくても
ぼくの横を歩いてくれるんだ

水や食料がなくなったら　どうするかって?

そのときはそれまでさ

食料を運ぶことより
一頭の　このらくだの眼《め》にやられて
ぼくはこうして一緒《いっしょ》に歩いているんだ

タクラマカン砂漠《さばく》に海はあるか?
サリドーニ
君はタクラマカン砂漠を想《おも》うことがある?
ぼくはそれを見たくて
たしかめたくて
こうして今日も
歩いている

from ラビローニ

著者紹介（詩・絵）

帆草《ほぐさ》とうか

静岡県牧之原市出身
大学在学中より、劇作家、演出家の北村想氏率いる劇団「プロジェクト・ナビ」（現在は解散）に入団。舞台音楽作曲家、音響家のノノヤママナコ氏に師事し、音響オペレーション等を実践しながら学ぶ。

２年後、苦渋の決断をし、劇団を離れ作家を目指して上京。

2019年11月、処女詩集「空をしかくく切りとって」（銀の鈴社　ジュニアポエムシリーズ）を刊行。

2021年、YouTubeオーディオドラマ、「みずいろジャーニー」の、脚本、選曲を担当。

NDC911
神奈川　銀の鈴社　2024
96頁　21cm（その日、少女は　少年はⅠ）

©本シリーズの掲載作品について、転載、付曲その他に利用する場合は、
著者と㈱銀の鈴社著作権部までおしらせください。
購入者以外の第三者による本書の電子複製は、認められておりません。

ジュニアポエムシリーズ　318　2024年11月29日初版発行
本体1,600円＋税

その日、少女は　少年はⅠ

著　　者　帆草とうか　詩・絵©
発 行 者　西野大介
編集発行　㈱銀の鈴社 TEL 0467-61-1930　FAX 0467-61-1931
〒248-0017 神奈川県鎌倉市佐助1-18-21万葉野の花庵
https://www.ginsuzu.com
E-mail info@ginsuzu.com

ISBN978－4－86618－172－1　C8092
落丁・乱丁本はお取り替え致します

印刷　電算印刷
製本　渋谷文泉閣

…ジュニアポエムシリーズ…

1 鈴木敏史詩集 宮下琢郎・絵　星の美しい村　★☆
2 小池知子詩集 高志孝子・絵　おにわいっぱいぼくのなまえ　★☆
3 鶴岡千代子詩集 武田淑子・絵　白い虹　児文芸新人賞
4 楠木しげお詩集 久保雅勇・絵　カワウソの帽子
5 津坂治男詩集 垣内美穂・絵　大きくなったら　★◇
6 後藤れい子詩集 山本まつ子・絵　あくたれぼうずのかぞえうた
7 北村蔦子詩集 柿本幸造・絵　あかちんらくがき
8 吉田瑞穂詩集 吉田翠・絵　しおまねきと少年　⊠★◎
9 新川和江詩集 葉祥明・絵　野のまつり　★☆
10 阪田寛夫詩集 織茂恭子・絵　夕方のにおい　◆★☆○
11 高田敏子詩集 若山憲・絵　枯れ葉と星　★☆
12 原田直友詩集 吉田翠・絵　スイッチョの歌　★◎
13 小林純一詩集 久保雅勇・絵　茂作じいさん　◉★♪☆◎
14 谷川俊太郎詩集 長新太・絵　地球へのピクニック　★◎◇
15 与田準一詩集 深沢省三・深沢紅子・絵　ゆめみることば　★

16 岸田衿子詩集 中谷千代子・絵　だれもいそがない村
17 江間章子詩集 榊原直美・絵　水と風　◇◎
18 原田直友詩集 小野まり・絵　虹—村の風景—　★
19 福田正夫詩集 福田達夫・絵　星の輝く海　★☆
20 草野心平詩集 長野ヒデ子・絵　げんげと蛙　★☆○◇
21 宮田滋子詩集 青木まさる・絵　手紙のおうち　☆○
22 久保田昭三詩集 斎藤彬子・絵　のはらでさきたい
23 鶴岡千代子詩集 加倉井和夫・武田淑子・絵　白いクジャク　★♪
24 尾上尚子詩集 まど・みちお・絵　そらいろのビー玉　★☆ 児文協新人賞
25 水上紅詩集 深沢紅子・絵　私のすばる　☆
26 野呂昶詩集 福島一二三・絵　おとのかだん　★
27 こやま峰子詩集 武田淑子・絵　さんかくじょうぎ　☆
28 青戸かいち詩集 駒宮録郎・絵　ぞうの子だって
29 まきたかし詩集 福田達夫・絵　いつか君の花咲くとき　★☆♡
30 薩摩忠詩集 駒宮録郎・絵　まっかな秋　★☆♡

31 新川和江詩集 福島一二三・絵　ヤァ！ヤナギの木　★☆○♡
32 井上靖詩集 駒宮録郎・絵　シリア沙漠の少年　★☆♡
33 古村徹三詩・絵　笑いの神さま
34 江上波夫詩集 青空風太郎・絵　ミスター人類　○☆
35 秋原秀夫詩集 鈴木義治・絵　風の記憶　★◎
36 水村三千夫詩集 武田淑子・絵　鳩を飛ばす
37 久冨純江詩集 渡辺安芸夫・絵　風車クッキングポエム
38 日野生三詩集 吉野晃希男・絵　雲のスフィンクス　★
39 佐藤雅子詩集 佐藤太清・広瀬きよみ・絵　五月の風　★
40 小黒恵子詩集 武田淑子・絵　モンキーパズル　★
41 木村信子詩集 山本典子・絵　でていった
42 中野栄子詩集 吉田翠・絵　風のうた　☆
43 宮田滋子詩集 牧村慶子・絵　絵をかく夕日　★
44 大久保テイ子詩集 渡辺安芸夫・絵　はたけの詩　★☆
45 秋原秀夫詩集 赤星亮衛・絵　ちいさなともだち　♥

☆日本図書館協会選定（2015年度で終了）
★全国学校図書館協議会選定（SLA）
□少年詩賞　■茨城県すいせん図書
○厚生省中央児童福祉審議会すいせん図書
♪日本童謡賞　♧岡山県選定図書
♡日本子どもの本研究会選定
♥秋田県選定図書
♣愛媛県教育会すいせん図書
◇岩手県選定図書
◆京都府選定図書
⊠芸術選奨文部大臣賞
◉赤い鳥文学賞　◆赤い靴賞

…ジュニアポエムシリーズ…

46 日友靖子詩集 藤城清治・安西明美・絵　猫曜日だから ◆☆
47 秋葉てる代詩集 武田淑子・絵　ハープムーンの夜に ♡
48 こやま峰子詩集 山本省三・絵　はじめのいーっぽ ★♡
49 黒柳啓子詩集 金子滋・絵　砂かけ狐 ♡
50 三枝ますみ詩集 武田淑子・絵　ピカソの絵 ☆♡♪
51 夢虹二詩集 武田淑子・絵　とんぼの中にぼくがいる ♡○♥
52 はたちよしこ詩集 まど・みちお・絵　レモンの車輪 □♧
53 大岡信詩集 葉祥明・絵　朝の頌歌 ★☆♡♥◎
54 吉田瑞穂詩集 吉田翠・絵　オホーツク海の月 ★☆♡
55 さとう恭子詩集 村上保・絵　銀のしぶき ★☆♡
56 星乃ミミナ詩集 葉祥明・絵　星空の旅人 ★☆♡
57 葉祥明詩・絵　ありがとう そよ風 ★♡▲
58 青戸かいち詩集 初山滋・絵　双葉と風
59 小野ルミ詩集 和田誠・絵　ゆきふるるん ★☆♪♡
60 なぐもはるき詩・絵　たったひとりの読者 ★♡♧

61 小関秀夫詩集 小倉玲子・絵　風《かざ》栞《しおり》 ★♡♥
62 海沼松世詩集 守下さおり・絵　かげろうのなか ☆♡
63 山本龍生詩集 小倉玲子・絵　春行き一番列車 ♡
64 小泉周二詩集 深沢省三・絵　こもりうた ★☆♡
65 かわてせいぞう詩集 若山憲・絵　野原のなかで ♡★♥
66 えぐちまき詩集 赤星亮衛・絵　ぞうのかばん ♡◆♥
67 池田あきつ詩集 小倉玲子・絵　天気雨 ♡
68 藤井則行詩集 君島美知子・絵　友へ ♡♤
69 藤哲生詩集 武田淑子・絵　秋いっぱい ★♠
70 日友靖子詩集 深沢紅子・絵　花天使を見ましたか ★
71 吉田瑞穂詩集 吉田翠・絵　はるおのかきの木 ★
72 小島禄琅詩集 中村陽子・絵　海を越えた蝶 ☆★♥♡
73 にしおまさこ詩集 杉田幸子・絵　あひるの子 ★
74 山下竹二詩集 徳田徳志芸・絵　レモンの木 ★
75 高崎乃理子詩集 奥山英俊・絵　おかあさんの庭 ★♡

76 檜きみこ詩集 広瀬弦・絵　しっぽいっぽん ★♪□☆♡
77 たかはしけいこ詩集 高田三郎・絵　おかあさんのにおい ♡♣□
78 星乃ミミナ詩集 深澤邦朗・絵　花かんむり ♥☆♡
79 佐藤照雄詩集 津波信久・絵　沖縄 風と少年 ☆♡★
80 相馬梅子詩集 やなせたかし・絵　真珠のように ♥★
81 小島禄琅詩集 深沢紅子・絵　地球がすきだ ★
82 鈴木美智子詩集 黒澤梧郎・絵　龍のとぶ村 ◇★♥
83 いがらしれいこ詩集 高田三郎・絵　小さなてのひら ☆
84 宮入黎子詩集 小倉玲子・絵　春のトランペット ☆★
85 下田喜久美詩集 方振寧・絵　ルビーの空気をすいました ☆
86 野呂昶詩集 方振寧・絵　銀の矢ふれふれ ★
87 ちよはらまちこ詩集 ちよはらまちこ・絵　パリパリサラダ ★
88 秋原秀夫詩集 徳田徳志芸・絵　地球のうた ☆★
89 中島あやこ詩集 井上緑・絵　もうひとつの部屋 ★
90 藤川こうのすけ詩集 葉祥明・絵　こころインデックス ☆

✲サトウハチロー賞
☼三木露風賞
♤福井県すいせん図書
▲神奈川県児童福祉審議会推薦優良図書
♠奈良県教育研究会すいせん図書
❖北海道選定図書
⊕静岡県すいせん図書
◎学校図書館図書整備協会選定図書（SLBA）
✣毎日童謡賞
⊛三越左千夫少年詩賞

…ジュニアポエムシリーズ…

91 新井 和・詩集 高田 三郎・絵 おばあちゃんの手紙 ☆★
92 はなわたえこ・詩集 えばとかつこ・絵 みずたまりのへんじ ★♪
93 柏木恵美子・詩集 武田 淑子・絵 花のなかの先生 ☆
94 中原千津子・詩集 寺内 直美・絵 鳩への手紙 ★
95 高瀬美代子・詩集 小倉 玲子・絵 仲なおり ★
96 杉本深由起・詩集 若山 憲・絵 トマトのきぶん ☆★◎ 児文芸新人賞
97 宍倉さとし・詩集 守下さおり・絵 海は青いとはかぎらない ♧
98 石井 英行・詩集 有賀 忍・絵 おじいちゃんの友だち ■
99 なかのひろ・詩集 アサト・シェラ・絵 とうさんのラブレター ☆★
100 小松 静江・詩集 藤川 秀之・絵 古自転車のバットマン
101 石原 一輝・詩集 加藤 真夢・絵 空になりたい ☆✣★
102 小泉 周二・詩集 西 真里子・絵 誕生日の朝 ☆■★
103 くすのきしげのり童謡 わたなべあきお・絵 いちにのさんかんび ☆★
104 成本 和子・詩集 小倉 玲子・絵 生まれておいで ☆★✣♡♧
105 伊藤 政弘・詩集 小倉 玲子・絵 心のかたちをした化石 ★

106 川崎 洋子・詩集 井戸 妙子・絵 ハンカチの木 □★☆
107 柘植 愛子・詩集 油野 誠一・絵 はずかしがりやのコジュケイ ✣
108 新谷智恵子・詩集 葉 祥明・絵 風をください ☆◈❁♪♡✣
109 金親 尚子・詩集 牧 進・絵 あたたかな大地 ☆
110 黒柳 啓子・詩集 吉田 翠・絵 父ちゃんの足音 ☆★♡□
111 富田 栄子・詩集 油野 誠一・絵 にんじん笛 ♡☆
112 原 国子・詩集 高畠 純・絵 ゆうべのうちに ☆△
113 宇部 京子・詩集 スズキコージ・絵 よいお天気の日に ○□♪☆◇★
114 武鹿 悦子・詩集 牧野 鈴子・絵 お花見 ☆□
115 山本なおこ・詩集 梅田 俊作・絵 さりさりと雪の降る日 ☆★
116 小林比呂古・詩集 おおた慶文・絵 ねこのみち ☆
117 後藤れい子・詩集 渡辺あきお・絵 どろんこアイスクリーム ☆
118 重清 良吉・詩集 高田 三郎・絵 草の上 ☆□❀◆★
119 宮中 雲子・詩集 西 真里子・絵 どんな音がするでしょか ✲★
120 前山 敬子・詩集 若山 憲・絵 のんびりくらげ ☆★

121 川端 律子・詩集 若山 憲・絵 地球の星の上で ♡
122 たかはしけいこ・詩集 織茂 恭子・絵 とうちゃん ♡❀♣★
123 宮田 滋子・詩集 深澤 邦朗・絵 星の家族 ☆♪
124 国沢たまき・詩集 唐沢 静・絵 新しい空がある
125 池田あきつ・詩集 小倉 玲子・絵 かえるの国 ★
126 黒田 恵子・詩集 倉島千賀子・絵 ボクのすきなおばあちゃん ☆★♡
127 垣内 磯子・詩集 宮崎 照代・絵 よなかのしまうまバス ☆♡★
128 小泉 周二・詩集 佐藤 平八・絵 太陽へ ❀★♪☆♡
129 中島 和子・詩集 秋里 信子・絵 青い地球としゃぼんだま ☆★
130 のろさかん・詩集 福島一二三・絵 天のたて琴 ☆
131 加藤 丈夫・詩集 葉 祥明・絵 ただ今受信中 ☆★
132 北原 悠子・詩集 深沢 紅子・絵 あなたがいるから ♡
133 池田もと子・詩集 小倉 玲子・絵 おんぷになって ♡
134 鈴木 初江・詩集 吉田 翠・絵 はねだしの百合 ★
135 垣内 磯子・詩集 今井 俊・絵 かなしいときには ★

△長野県教育委員会すいせん図書　✡㈶日本動物愛護協会推薦図書
◈茨城県推奨図書　●児童ペン賞

…ジュニアポエムシリーズ…

136 秋葉てる代詩集／やなせたかし・絵　おかしのすきな魔法使い　♪★

137 青戸かいち詩集／永田萠・絵　小さなさようなら　֍★

138 柏木恵美子詩集／高田三郎・絵　雨のシロホン　♡★

139 藤井則行詩集／阿見みどり・絵　春だから　♡★◎

140 黒田勲子詩集／山中冬児・絵　いのちのみちを

141 南郷芳明詩集／的場豊子・絵　花時計

142 やなせたかし 詩・絵　生きているってふしぎだな

143 内田麟太郎詩集／斎藤隆夫・絵　うみがわらっている

144 しまざきふみ詩集／島崎奈緒・絵　こねこのゆめ　♡

145 糸永えつこ詩集／武井武雄・絵　ふしぎの部屋から　♡

146 石坂きみこ詩集／鈴木英二・絵　風の中へ　♡

147 坂本のこ詩集／坂本こう・絵　ぼくの居場所　♡

148 島村木綿子 詩・絵　森のたまご　֍

149 楠木しげお詩集／わたせせいぞう・絵　まみちゃんのネコ　★

150 牛尾良子詩集／上矢津・絵　おかあさんの気持ち　♡

151 三越左千夫詩集／阿見みどり・絵　せかいでいちばん大きなかがみ　★

152 水村三千夫詩集／高見八重子・絵　月と子ねずみ

153 川越文子詩集／横松桃子・絵　ぼくの一歩ふしぎだね　★

154 すずきゆかり詩集／葉祥明・絵　まっすぐ空へ

155 西田純詩集／葉祥明・絵　木の声水の声

156 清野倭文子詩集／水科舞・絵　ちいさな秘密《ひみつ》

157 川奈静詩集／直江みちる・絵　浜ひるがおはパラボラアンテナ　★◎

158 若木良水詩集／西真里子・絵　光と風の中で

159 牧陽子詩集／渡辺あきお・絵　ねこの詩　★◎

160 宮田滋子詩集／阿見みどり・絵　愛一輪　★◎

161 井上灯美子詩集／唐沢静・絵　ことばのくさり　☆♪

162 滝波万理子詩集／滝波裕子・絵　みんな王《おう》様《さま》　★♪

163 冨岡みち詩集／関口コオ・絵　かぞえられへんせんぞさん　★

164 垣内磯子詩集／辻恵子・切り絵　緑色のライオン　★◎

165 すぎもとれいこ詩集／平井辰夫・絵　ちょっといいことあったとき　★

166 岡田喜代子詩集／おぐらひろかず・絵　千年の音　★☆◎

167 川奈静詩集／直江みちる・絵　ひもの屋さんの空　★◎☆♥♡

168 鶴岡千代子詩集／武田淑子・絵　白い花火　★☆

169 井上灯美子詩集／唐沢静・絵　ちいさい空をノックノック　★◎☆

170 尾崎杏子詩集／ひなた山すじゅう郎・絵　海辺のほいくえん　☆♡★◎

171 柘植愛子詩集／やなせたかし・絵　たんぽぽ線路　☆♡★◎♪

172 小林比呂古詩集／うめざわのりお・絵　横須賀スケッチ　☆★◎♡▲

173 林佐知子詩集／串田敦子・絵　きょうという日　☆★◎♡▲

174 後藤基宗子詩集／岡澤由紀子・絵　風とあくしゅ　☆♥★◎♡

175 土屋律子詩集／高瀬のぶえ・絵　るすばんカレー　☆♡★◎▲

176 三輪アイ子詩集／深沢邦朗・絵　かたぐるましてよ　★☆♡

177 田辺瑞美子詩集／西真里子・絵　地球賛歌　☆★◎

178 高瀬美代子詩集／小倉玲子・絵　オカリナを吹く少女　☆♡

179 中野惠子詩集／串田敦子・絵　コロポックルでておいで　★♡☆♪

180 松井節子詩集／阿見みどり・絵　風が遊びにきている　★☆♡▲

…ジュニアポエムシリーズ…

181 新谷智恵子詩集 徳田徳志芸・絵 とびたいペンギン 佐世保文学賞 ♡★◎▲
182 牛尾良子詩集 牛尾征治・写真 庭のおしゃべり ♡★◎
183 三枝ますみ詩集 高見八重子・絵 サバンナの子守歌 ☆★
184 佐藤雅子詩集 佐藤太清 菊池治子・絵 空の牧《まき》場《ば》 ☆★♡■◎◆
185 山内弘子詩集 おぐらひろかず・絵 思い出のポケット ♡★♪
186 山内弘子詩集 阿見みどり・絵 花の旅人 ♡★▲
187 原国子詩集 牧野鈴子・絵 小鳥のしらせ ♡★△◎
188 人見敬子詩・絵 方《はこ》舟《ぶね》地球号 —いのちは元気— ♡★◎
189 林佐知子詩集 串田敦子・絵 天にまっすぐ ★☆♡◎
190 小臣富子詩集 渡辺あきお・絵 わんさかわんさかどうぶつさん ✡♡★◎
191 川越文子詩集 かまだちえみ・写真 もうすぐだからね ♡★◎
192 永田喜久男詩集 武田淑子・絵 はんぶんごっこ ☆★◎♡
193 吉田房子詩集 大和田明代・絵 大地はすごい ★◎♡▲
194 石井春香詩集 高見八重子・絵 人魚の祈り ★♡
195 石原一輝詩集 小倉玲子・絵 雲のひるね ♡
196 たかはしけいこ詩集 高橋敏彦・絵 そのあと ひとは ★
197 宮田滋子詩集 おおた慶文・絵 風がふく日のお星さま ★♡◎
198 渡辺恵美子詩集 つるみゆき・絵 空をひとりじめ ★♡♪
199 宮中雲子詩集 西真里子・絵 手と手のうた ★
200 杉本深由起詩集 太田大八・絵 漢字のかんじ ★♡✿
201 井上灯美子詩集 唐沢静・絵 心の窓が目だったら ★♡
202 峰松晶子詩集 おおた慶文・絵 きばなコスモスの道 ★♡
203 高橋文子詩集 山中桃子・絵 八丈太鼓 ★♡
204 長野貴子詩集 武田淑子・絵 星座の散歩 ★♡
205 江口正子詩集 高見八重子・絵 水の勇気 ♡☆★
206 藤本美智子詩・絵 緑のふんすい ☆♡★
207 林佐知子詩集 串田敦子・絵 春はどどど ♡★◎
208 小関秀夫詩集 阿見みどり・絵 風のほとり ☆♡★▲
209 宗美津子詩集 宗信寛・絵 きたのもりのシマフクロウ ♡★
210 かわてせいぞう詩集 高橋敏彦・絵 流れのある風景 ☆♡★
211 土屋律子詩集 高瀬のぶえ・絵 ただいまぁ ★♡☆◎▲
212 永田喜久男詩集 武田淑子・絵 かえっておいで ☆♡★
213 みたみちこ詩集 牧進・絵 いのちの色 ♡★
214 糸永えつこ詩集 糸永わかこ・絵 母です 息子です おかまいなく ♡☆★
215 宮田滋子詩集 武田淑子・絵 さくらが走る ♡☆★♪
216 柏木恵美子詩集 吉野晃希男・絵 ひとりぼっちの子クジラ ♡★◎
217 江口正子詩集 高見八重子・絵 小さな勇気 ♡☆★
218 井上灯美子詩集 唐沢静・絵 いろのエンゼル ★♡
219 中島あやこ詩集 日向山寿十郎・絵 駅伝競走 ★☆♡
220 高橋孝治詩集 高見八重子・絵 空の道 心の道 ★♡
221 江口正子詩集 日向山寿十郎・絵 勇気の子 ♡☆★
222 宮田滋子詩集 牧野鈴子・絵 白鳥よ ☆★
223 井上良子詩集 銅版画 太陽の指環 ★
224 川越文子詩集 山中桃子・絵 魔法のことば ♡☆★
225 西本みさこ詩集 上司かのん・絵 いつもいっしょ ☆♡

…ジュニアポエムシリーズ…

- 226 おばらいちこ詩集 高見八重子・絵 ぞうのジャンボ ☆★♡
- 227 吉田房子詩集 本田あまね・絵 まわしてみたい石臼 ★♡
- 228 吉田房子詩集 阿見みどり・絵 花 詩 集 ★♡◎
- 229 田中たみ子詩集 唐沢静・絵 へこたれんよ ★◎
- 230 林佐知子詩集 串田敦子・絵 この空につながる ★♡
- 231 藤本美智子 詩・絵 心のふうせん ★♡
- 232 火星雅範詩集 西川律子・絵 ささぶねうかべたよ ★♡▲
- 233 吉田房子詩集 岸田歌子・絵 ゆりかごのうた ★♡
- 234 むらかみみちこ詩集 むらかみみちこ むらかみあくる・絵 風のゆうびんやさん ★♡
- 235 白谷玲花詩集 阿見みどり・絵 柳川白秋めぐりの詩 ★♡
- 236 ほさかとしこ詩集 内山つとむ・絵 神さまと小鳥 ★☆♡
- 237 内田麟太郎詩集 長野ヒデ子・絵 まぜごはん ☆★◎♡▲
- 238 小林比呂古詩集 出口雄大・絵 きりりと一直線 ♡★
- 239 牛尾良子詩集 おぐらひろかず・絵 うしの土鈴とうさぎの土鈴 ★◎♡
- 240 山本純子詩集 ルイコ・絵 ふ ふ ふ ★♡☆◎
- 241 神田亮 詩・絵 天使の翼 ★☆♡
- 242 かんざわみえ詩集 阿見みどり・絵 子供の心大人の心さ迷いながら ☆★◎▲
- 243 永田喜久男詩集 内山つとむ・絵 つながっていく ★☆♡
- 244 浜野木碧 詩・絵 海 原 散 歩 ☆★◎♡
- 245 やまうち・しゅうへい詩集 山本省三・絵 風のおくりもの ☆★◎♡
- 246 すぎもとれいこ 詩・絵 てんきになあれ ★◎
- 247 冨岡みち詩集 加藤真夢・絵 地球は家族 ひとつだよ ♡☆◎★
- 248 北野千賀詩集 滝波裕子・絵 花束のように ♡☆★◎
- 249 石原一輝詩集 加藤真夢・絵 ぼくらのうた ♡★◎
- 250 土屋律子詩集 高瀬のぶえ・絵 まほうのくつ ♡☆★◎▲
- 251 津坂治男詩集 井上良子・絵 白い太陽 ☆♡★◎
- 252 石井英行詩集 よしだちなつ・表紙絵 野原くん ☆★♡◎▲
- 253 井上灯美子詩集 唐沢静・絵 たからもの ☆♡★
- 254 大竹典子詩集 加藤真夢・絵 おたんじょう ☆★
- 255 たかはしけいこ詩集 織茂恭子・絵 流れ星 ★♡
- 256 谷川俊太郎詩集 下田昌克・絵 そ し て ♡★◎
- 257 なんば・みちこ詩集 布下満・絵 トックントックン 大空で大地で ★◎
- 258 宮本美智子詩集 阿見みどり・絵 夢の中に そっと ★◎♡
- 259 成本和子詩集 阿見みどり・絵 天使の梯子 ★◎
- 260 海野文音詩集 牧野鈴子・絵 ナンドデモ ★♡
- 261 熊谷本郷詩集 永田萠・絵 かあさん かあさん ★♡
- 262 大楠翠詩集 吉野晃希男・絵 おにいちゃんの紙飛行機 ★♡♪
- 263 久保恵子詩集 たかせちなつ・絵 わたしの心は 風に舞う ★♡
- 264 みずかみさやか詩集 葉祥明・絵 五月の空のように ★♡
- 265 尾崎昭代詩集 中辻アヤ子・絵 たんぽぽの日 ★
- 266 はやしゆみ詩集 渡辺あきお・絵 わたしはきっと小鳥 ★
- 267 田沢節子詩集 永田萠・絵 わき水ぷっくん △★♡
- 268 柘植愛子詩集 そねはらまさえ・絵 赤いながぐつ ★♡
- 269 馬場与志子詩集 日向山寿十郎・絵 ジャンケンポンでかくれんぼ ♡★
- 270 内田麟太郎詩集 高畠純・絵 たぬきのたまご ★●♡

…ジュニアポエムシリーズ…

271 むらかみみちこ 詩・絵 家族のアルバム ★♡
272 井上 和子詩集 吉田 瑠美・絵 風のあかちゃん ★♡
273 佐藤 一志詩集 日向山寿十郎・絵 自然の不思議 ♡★
274 小沢 千恵 詩・絵 やわらかな地球 ♡★
275 あべこうぞう詩集 大谷さなえ・絵 生きているしるし ♡★
276 宮田 滋子詩集 田中 槇子・絵 チューリップのこもりうた ★♡
277 林 佐知子詩集 葉 祥明・絵 空の日 ★♡
278 いしがいようこ 詩・絵 ゆれる悲しみ ★♡
279 村瀬 保子詩集 武田 淑子・絵 すきとおる朝 ♡★
280 あわのゆりこ詩集 高畠 純・絵 まねっこ ★♡
281 川越 文子詩集 福田 岩緒・絵 赤い車 ★♡
282 白石はるみ詩集 かないゆみこ・絵 エリーゼのために ★♡
283 尾崎 杏子詩集 日向山寿十郎・絵 ぼくの北極星 ♡★
284 壱岐 梢詩集 葉 祥明・絵 ここに ★
285 野口 正路詩集 山手 正彦・絵 光って生きている ★◎

286 樋口てい子詩集 串田 敦子・絵 ハネをもったコトバ ★◎
287 火星 雅範詩集 西川 律子・絵 ささぶねにのったよ
288 大楠 翠詩集 吉野晃希男・絵 はてなとびっくり ★◎
289 大澤 清詩集 阿見みどり・絵 組曲 いかに生きるか ★
290 たかはしけいこ詩集 織茂 恭子・絵 いっしょ ★♡◎
291 内田麟太郎詩集 大野 八生・絵 なまこのぽんぽん ★◎○
292 はやし ゆみ詩集 はなてる・絵 こころの小鳥 ♡★◎
293 いしがいようこ 詩・絵 あ・そ・ぼ！ ★♡◎
294 帆草とうか 詩・絵 空をしかくく切りとって ★♡
295 土屋 律子詩集 吉野晃希男・絵 コピーロボット ★◎♡
296 川上佐貴子詩集 はなてる・絵 アジアのかけ橋 ♡★◎
297 西沢 杏子詩集 東 逸子・絵 さくら貝とプリズム ♡★◎
298 鈴木 初江詩集 小倉 玲子・絵 めぐりめぐる水のうた ★◎
299 白谷 玲花詩集 牧野 鈴子・絵 母さんのシャボン玉 ◎★
300 ゆふ あきら詩集 ゆふくみこ・絵 やまぐちかおる・絵 すずめのバスケ ♡★◎

301 半田 信和詩集 吉野晃希男・絵 ギンモクセイの枝先に ★◎
302 弓削田健介詩集 葉 祥明・絵 優《やさ》しい詩《うた》のお守《まも》りを ★♡
303 内田麟太郎詩集 井上コトリ・絵 たんぽぽぽぽぽ ★◎♡
304 宮本美智子詩集 阿見みどり・絵 水色の風の街 ★◎♡
305 星野 良一詩集 ながしまよいち・絵 星の声、星の子へ ◎♡★
306 うたかいずみ詩集 しんやゆう子・絵 あしたの木 ♪♡★◎
307 藤本美智子 詩・絵 木の気分 ♡★◎
308 大迫 弘和詩集 葉 祥明・絵 ルリビタキ ★◎
309 林 佐知子詩集 髙見八重子・絵 いのちの音 ★
310 森木 林詩集 葉 祥明・絵 あたたかな風になる ★♡
311 内田麟太郎詩集 かみや しん・絵 たちつてと ★♡
312 星野 良一詩集 ながしまよいち・絵 スターライト ★◎♡
313 雨森 政恵詩集 おむらまりこ・絵 いのちの時間 ★◎
314 神内 八重詩集 田辺 玲・絵 あたま なでてもろてん
315 網野 秋詩集 西川 律子・絵 ことばの香り

ジュニアポエムシリーズは、子どもにもわかる言葉で真実の世界をうたう個人詩集のシリーズです。

本シリーズからは、毎回多くの作品が教科書等の掲載詩に選ばれており、1974年以来、全国の小・中学校の図書館や公共図書館等で、長く、広く、読み継がれています。

心を育むポエムの世界。

一人でも多くの子どもや大人に豊かなポエムの世界が届くよう、ジュニアポエムシリーズはこれからも小さな灯をともし続けて参ります。

＊刊行の順番はシリーズ番号と異なる場合があります。